JOAQUÍN TURINA

DANSES GITANES OP 55 ET 84

POUR PIANO · FOR PIANO
FÜR KLAVIER · PER PIANOFORTE

Édition originale · The Original Edition · Originalausgaben · Edizione originale

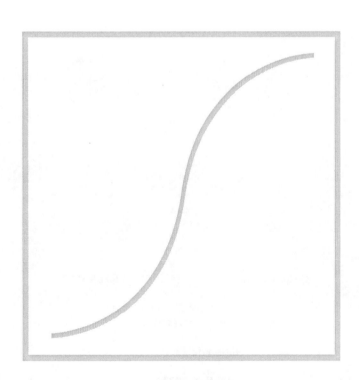

SALABERT

LES ÉDITIONS ORIGINALES DURAND · SALABERT · ESCHIG

Table – Contents – Inhalt – Indice

à José Cubiles

CINQ DANSES GITANES

Joaquín Turina
op 55

1 – Zambra

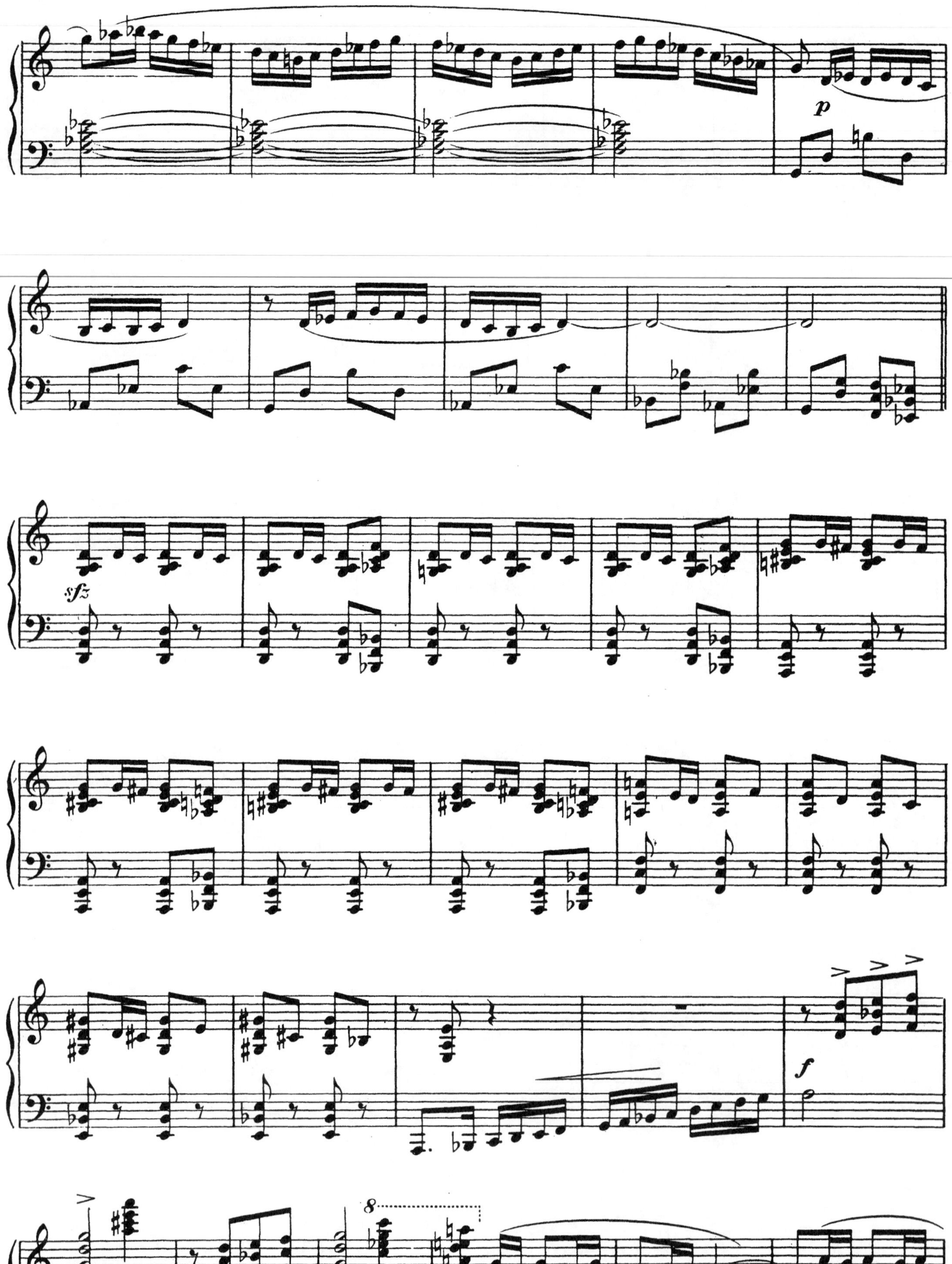
p
sfz
f
pp
8
p espressivo

2 – Danza de la seducción

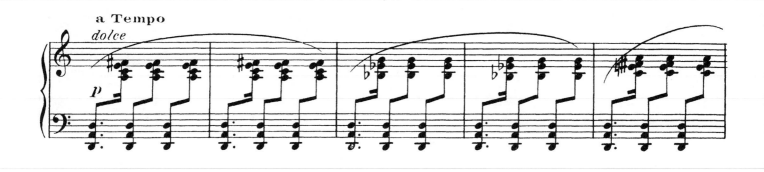

3 – Danza ritual

4 – Generalife

5 – Sacro-monte

Allegro moderato

Joaquín Turina

à José Cubiles

CINQ DANSES GITANES

Joaquín Turina
op 84

1 – Fiesta de las calderas

RL 11922

2 – Círculos rítmicos

3 – Invocación

4 – Danza rítmica

5 – Seguiriya

dim. molto

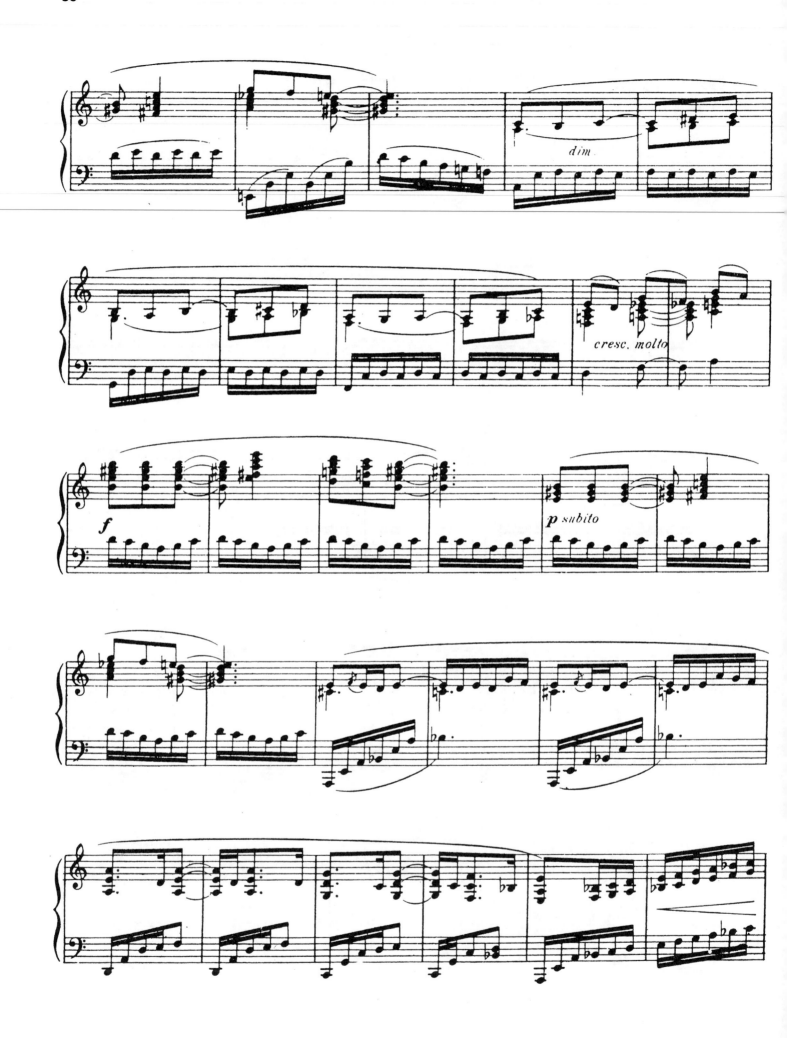